Georg Dietlein

Die konkludente Konvalidation der Ehe

Rechtsvergleichende Überlegungen zur Bestätigung, Heilung und Konvalidation einer wegen Konsensmangels ungültigen Ehe

Herstellung und Verlag:
BoD - Books on Demand, Norderstedt
ISBN 978-3-7357-5120-1

1. Einführung

Jährlich eröffnen in Deutschland über 1.000 Katholiken ein Ehenichtigkeitsverfahren vor einem kirchlichen Gericht. Sie bezwecken damit, dass ihre eigene Ehe für von Beginn an ungültig und damit nichtig erklärt wird. In über zwei Drittel der zugelassenen Fälle stellt das angerufene Gericht fest, dass die infrage gestellte Ehe nicht wirksam zustande gekommen ist – meist wegen eines Mangels im Ehekonsens.[1] Die Ehepartner können von diesem Punkt an getrennte Wege gehen und neu heiraten.[2] Die Ehe hat nach katholischem Kirchenrecht nie bestanden.

In den meisten Ländern – auch in solchen, wo eine kirchliche Ehe zugleich zivilrechtlich anerkannt wird – regeln spezielle Vorschriften des weltlichen Rechts die weiteren familien- und unterhaltsrechtlichen Folgen. Eine kirchliche Eheannullierung hat für den schwächeren Ehegatten so meist keine

---

[1] Die „Erfolgsquoten" der Verfahren überschreiten zum Teil deutlich die Zwei-Drittel-Marke: vgl. www.30giorni.it/articoli_id_3942_l5.htm; vgl. auch die statistischen Angaben im Annuarium statisticum Ecclesiae 2011, Vatikanstadt 2013 („Statistical yearbook of the Church" / „Annuario statistico della Chiesa").

[2] Man beachte allerdings den Erlaubnisvorbehalt des c. 1071 § 1 Nr. 3 CIC, der freilich nur die Erlaubtheit der Eheschließung betrifft und nicht die Gültigkeit der Ehe hemmt.

nachteiligen Folgen, da ihn regelmäßig Unterhaltsansprüche aus dem weltlichen Recht „auffangen". Dies gilt allerdings nicht, wenn – wie in einigen Ländern möglich – ausschließlich eine kirchliche Ehe geschlossen wurde, die keine Bedeutung für das weltliche Recht hat. Ernste Konsequenzen kann die kirchliche Eheannullierung auch in Italien haben, wo die Nichtigkeitserklärung einer kirchlich geschlossenen, zivilrechtlich anerkannten Ehe auch im weltlichen Recht dazu führen kann, dass rückwirkend zivilrechtliche Ansprüche aus der Ehe, etwa Unterhalts- oder Ausgleichsansprüche, erlöschen.[3]

---

[3] Vgl. Art. 82 Codice Civile mit Art. 34 Konkordat zwischen dem Königreich Italien und dem Heiligen Stuhl vom 11. Februar 1929 (Gesetze Nr. 810 und Nr. 847 vom 27. Mai 1929) und Art. 8.2 Konkordat zwischen Italien und dem Heiligen Stuhl vom 18. Februar 1984 (Gesetz Nr. 121 vom 25. März 1985). Nach dem neuen Konkordat von 1984 werden kirchliche Ehenichtigkeitsurteile in einzelnen Punkten von den staatlichen Appellationsgerichten überprüft. Diese können auch Bestimmungen zu den wirtschaftlichen Verhältnissen der Ehegatten treffen. Vgl. Marcus Waldmann, Das System der Konkordatsehe in Italien. Entwicklung und aktuelle Probleme der Kooperation zwischen Staat und katholischer Kirche, Berlin 2003; Associazione Canonistica Italiana (Hrsg.), Matrimonio Canonico e Ordinamento civile, Vatikan 2008; Francesco Bersini, L'articolo del Concordato sul matrimonio. Riserva e diliberazione, in: Il Diritto Ecclesiastico 97 (1986) 73 – 85; Giuseppe Casuscelli, Il matrimonio "concordatario" tra disciplina pattizia e normativa di attuazione. Problemi preliminari, in: Il Diritto Ecclesiastico 98 (1987) 188 – 226; Ginesio

Kritische Stimmen sehen im kirchlichen Ehenichtigkeitsverfahren einen faktischen „Umweg zur Scheidung".[4] Falsch daran ist freilich, dass die Kirche eine gültige und vollzogene sakramentale Ehe niemals auflösen kann. Vielmehr stellt sie in einzelnen Fällen fest, dass die Ehe, etwa wegen eines Mangels im Ehekonsens, niemals gültig zustande gekommen ist.[5] Gleichwohl kann auch das kirchliche Verfahren durch Vorspiegelung von Tatsachen missbraucht werden. Ein kirchliches Gericht kann naturgemäß – im Gegensatz zu einem staatlichen Gericht – Tatsachenbehauptungen eines Ehepartners nicht „von Amts wegen" durch staatliches Ermittlungsverfahren überprüfen. Häufig hat auch der andere Ehepartner kein Interesse, an einem kirchlichen Verfahren mitzuwirken. Die hohe Erfolgsquote in vielen Ländern legt mitunter den

Mantuano, "Ordine proprio" della Chiesa e delibazione delle sentenze ecclesiastiche di nullità matrimoniale, in: Il Diritto Ecclesiastico 95 (1984) 569 – 611.

[4] www.dradio.de/dkultur/sendungen/religionen/694003, vgl. auch Andreas Weiß, Wie unauflöslich ist die Ehe? Nichtigkeit und Auflösung der Ehe in Recht und Praxis der katholischen Kirche, in: Richard Puza / Abraham P. Kustermann (Hrsg.), Beginn und Ende der Ehe. Aktuelle Tendenzen in Kirchen- und Zivilrecht, Heidelberg 1994, S. 53 – 72, hier 69 – 72 („Verkappte Scheidungen" in der Kirche?).

[5] Zur Abgrenzung zwischen Nichtigerklärung, Auflösung und Trennung vgl. Günter Assenmacher, Nichtigerklärung, Auflösung und Trennung der Ehe, in: Joseph Listl / Heribert Schmitz (Hrsg.), Handbuch des katholischen Kirchenrechts, 2. Aufl., Regensburg 1999, S. 988 – 1000.

Verdacht nahe, dass in manchen Ländern der Satz „Wo ein Wille ist auch ein Weg" gilt.[6]

Das kirchliche Ehenichtigkeitsverfahren dient der Wahrheit der Ehe. In berechtigten Einzelfällen stellt es die Nichtigkeit einer Ehe fest. In allen anderen Fällen bleibt es bei der Unauflöslichkeit einer wahren Ehe (c. 1056 CIC). Möglicherweise kann in der kirchenrechtlichen Praxis das Instrument der „Gültigmachung" (Konvalidation) einer zunächst ungültigen Ehe eine Rolle spielen, wie Karl Rainer Hennes bereits in seiner 1988 erschienenen Dissertation feststellt: „Die von Papst Johannes Paul II. besonders herausgestellte Unauflöslichkeit einer sakramental gültigen und vollzogenen Ehe scheint bisweilen im Gegensatz zur kirchlichen Rechtsprechung zu stehen. Ohne Zweifel gibt es eine Fülle von Gründen für dieses Unverständnis. Eine Quelle scheint jedoch in der Gesetzgebung selber zu liegen, wenn nämlich eine Gültigmachung nur sehr schwierig durchzuführen ist."[7]

---

[6] Vgl. den provokanten Titel des Ratgebers von Martha Wegan, Ehescheidung möglich? Auswege mit der Kirche. Mit praktischen Hinweisen, Graz/Wien/Köln 1993.
[7] Karl Rainer Hennes, Die einfache Gültigmachung ungültiger Ehen nach Willensmangel, Aachen 1988, S. 3.

2. Der Konsens der Ehepartner als Grundlage des Ehebundes

Grundlage jeder Ehe ist der gültige und mangelfreie Konsens der beiden Ehepartner, der – aus Gründen der Rechtssicherheit und des Schutzes des je schwächeren Ehepartners (mangelnde Beweisbarkeit einer geheim geschlossenen Ehe) – öffentlich kundgetan werden muss (Eheschließungsform der cc. 1108 – 1123 CIC). Es gilt die römische Konsenstheorie gemäß dem Prinzip: *consensus facit nuptias*[8] bzw. *consensus facit matrimonum*. Für die Beurteilung der Gültigkeit einer Ehe kommt es allein auf den Zeitpunkt der Eheschließung („Ja-Wort") an. Die Zeit nach der Eheschließung ist grundsätzlich unbeachtlich, sofern sie nicht als Indiz für Ehenichtigkeitsgründe gesehen werden kann. Lagen etwa zum Zeitpunkt der Eheschließung bestimmte psychische Voraussetzungen nicht vor oder ist der vollständige und mangelfreie Ehekonsens der Ehepartner erst nachträglich eingetreten, so hat eine Ehe – möglicherweise zunächst unerkannt – nie bestanden. Probleme können sich ergeben, wenn einer der Ehepartner die Ehe mit einem geheimen Vorbehalt eingeht oder sich auf andere Weise später herausstellt, dass die Ehe nicht gültig eingegangen wurde.

---

[8] Digesta 23,1,11; vgl. auch Digesta 50,17,30: „Nuptias non concubitus, sed consensus facit."

Wenn die Ehe von mindestens einem der Ehepartner im guten Glauben, d. h. im Glauben an die Gültigkeit der Ehe geschlossen wurde, so handelt es sich um eine Putativehe (c. 1061 § 3 CIC).

a) Ehenichtigkeitsgründe

Zur Ungültigkeit einer Ehe können drei Hauptgründe führen: 1. ein Mangel im Ehekonsens der Ehegatten zum Zeitpunkt der Eheschließung (Wissens- oder Willensmängel mit Blick auf das Wesen einer Ehe nach katholischem Verständnis, etwa Vorbehalte gegen die Unauflöslichkeit der Ehe, die eheliche Treuepflicht oder die eheliche Nachkommenschaft; psychisch bedingte Eheunfähigkeit; Drohung, Zwang; Total- oder Partialsimulation; Error), 2. die Verletzung der vorgegebenen Form der Eheschließung oder 3. ein echtes Ehehindernis (Ehepartner bereits verheiratet, Zölibats- oder Keuschheitsverpflichtung, Ehe unter nahen Verwandten, Beischlafsunfähigkeit). In der Praxis spielen Konsensmängel die größte Rolle.[9]

---

[9] Vgl. Erzbischöfliches Offizialat Köln, Statistik 2012 (verfügbar unter: http://www.erzbistum-koeln.de/export/sites/ebkportal/erzbistum/offizialat/.content/.galleries/downloads/k-g12.pdf).

b) Probleme der Konsenstheorie

Dass es bei der Beurteilung der Gültigkeit einer Ehe ausschließlich auf den Zeitpunkt der Eheschließung ankommt, kann man durchaus kritisieren, vor allem wenn sich eine von Anfang an (durch Konsensmangel, Eheschließungsunfähigkeit oder bloße Naivität) ungültige Scheinehe später positiv entwickelt, im Willen der Ehegatten festigt und sogar Kinder hervorbringt. Die anfängliche Nichtigkeit wird von den Ehepartnern möglicherweise zunächst gar nicht erkannt und erst später, wenn es zu einer Ehekrise kommt, mit dem Ziel der erneuten kirchlichen Heirat „ausgenutzt". Die unerkannte Ungültigkeit einer Ehe wird so unter Umständen zur legalen „zweiten Chance".[10] Die missbräuchliche Ausnutzung dieser Möglichkeit durch einen der Ehegatten, die beide über viele Jahre hinweg an der gemeinsamen Ehe festgehalten hatten, kommt einem solch treulosen Verhalten gleich, das mit christlichen Grundsätzen kaum mehr vereinbar ist.

Problematisch erscheint die Wertung des geltenden katholischen Eherechts auch in einem solchen Falle, in dem einer der Ehegatten die Ehe unter einem geheimen, möglicherweise sogar noch

---

[10] Man beachte allerdings den Erlaubnisvorbehalt des c. 1071 § 1 Nr. 3 CIC, der freilich nur die Erlaubtheit der Eheschließung betrifft und nicht die Gültigkeit der Ehe hemmt.

schriftlich festgehaltenen Vorbehalt schließt, etwa betreffend Unauflöslichkeit, Elternschaft oder Treue, und später, nach vielen Jahren gelungener Partnerschaft und Elternschaft, unter Berufung auf die anfängliche Ungültigkeit der Ehe, diese beendet.[11] Ein glaubhaft gemachter Vorbehalt, eine zunächst „auf Probe" geschlossene Ehe oder die anfängliche Naivität der Ehegatten kann so dazu führen, dass eine von mindestens einem der Ehegatten für gültig erachtete Ehe doch nicht den Schutz bietet, den sie bieten soll. Ein plötzlich hervorgekramtes Tagebuch aus alter Zeit kann so zum „Joker" in der Hinterhand werden.[12] Das katholische Eherecht schützt in vielen Fällen mit der Person des die Ehe Anfechtenden gerade jenen Ehegatten, dessen Interesse an einer „faktischen Ehescheidung" eigentlich nicht schutzwürdig wä-

---

[11] Dazu vgl. Karl Rainer Hennes, a.a.O. (Fn. 7), S. 13f.; dieses „Extrembeispiel" bringt auch Alfredo Rava, Il requisito della rinnovazione del consenso nella convalidazione semplice del matrimonio (can. 1157 § 2). Studio storico-giuridico (Tesi Gregoriana – Serie Diritto Canonico 49), Rom 2001, 231.

[12] Natürlich kommt es zur Beweisfindung für einen anfänglichen Konsensmangel auch auf das gemeinsame Leben nach der Eheschließung an. Ein sich erhärtender Willensmangel nach der Hochzeit kann für eine anfängliche Nichtigkeit sprechen. Allerdings ist es auch denkbar, dass sich ein anfänglicher Konsensmangel über die Zeit verflüchtigt. Dies kann ein Indiz sein für einen bloß behaupteten Willensmangel – oder aber für einen Gesinnungswandel bzw. eine „Bekehrung" zu einem christlichen Eheverständnis.

re. Das Abstellen auf einen mangelfreien Ehekonsens beider Ehegatten im Zeitpunkt der Eheschließung führt dann zu einer „Versubjektivierung" und „Verwillkürlichung" der Institution Ehe mit der Folge, dass Ehemann oder Ehefrau samt Kindern im kirchlichen Recht schutzlos gestellt werden und dem eigentlichen Übeltäter eine „zweite" bzw. erneute Ehe möglich gemacht wird.

3. Die Konvalidation der Ehe

Nach katholischem Kirchenrecht gibt es allerdings zwei Möglichkeiten, eine an sich ungültige Ehe doch noch gültig zu „machen": einerseits die „einfache Gültigmachung" (*convalidatio simplex*, cc. 1156 – 1160 CIC[13]), andererseits die „Heilung in der Wurzel" (*sanatio in radice*, cc. 1161 – 1165 CIC[14]). Bei der einfachen Konvalidation setzen beide oder einer der Ehegatten selbst den Rechtsakt, der die nicht gültig geschlossene Ehe nachträglich gültig macht. Bei der Heilung in der Wurzel wird dieser Akt vom zuständigen Ortsbischof oder vom Heiligen Stuhl gesetzt. Angesichts der sakramentalen Würde der Ehe und ihrer hohen Bedeutung für Kirche und Gesellschaft stellen nichtige Ehen eine schwere Störung der (kirchlichen) Rechtsordnung dar und sollen nach Möglichkeit geheilt werden. In einem Ehenichtigkeitsverfahren hat der Richter daher auch auf eine mögliche Konvalidation der Ehe hinzuwirken (c. 1676 CIC), was gleichwohl in diesem Stadium kaum mehr möglich sein wird.

---

[13] Vgl. auch cc. 843 – 847 CCEO.
[14] Vgl. auch cc. 848 – 852 CCEO.

a) Die *convalidatio simplex*[15]

Beleuchten wir zunächst die Variante der einfachen Konvalidation – und zwar anhand unseres obigen Beispiels, in dem einer der beiden Ehegatten die Ehe unter einem geheimen Vorbehalt schließt, um sich für später eine kirchliche „Ehe-

---

[15] Vgl. Karl-Theodor Geringer, Die Konvalidation der Ehe, in: Joseph Listl / Heribert Schmitz (Hrsg.), Handbuch des katholischen Kirchenrechts, 2. Aufl., Regensburg 1999, S. 981 – 987; ders., Convalidatio und Sanatio – Möglichkeiten und Grenzen, in: De processibus matrimonialibus 11 (2004) 61 – 70; Karl Rainer Hennes, Die einfache Gültigmachung ungültiger Ehen nach Willensmangel, Aachen 1988; Alfredo Rava, Il requisito della rinnovazione del consenso nella convalidazione semplice del matrimonio (can. 1157 § 2). Studio storico-giuridico (Tesi Gregoriana – Serie Diritto Canonico 49), Rom 2001; Daniele Arru, La convalidazione semplice del matrimonio nel codice canonico del 1983, Rom 2008; P. Bianchi, Il Pastore d'anime e la nullità del matrimonio XIII. La convalidazione di un matrimonio invalido, in: Quaderni di diritto ecclesiale 10, 2 (1997) 206 – 229; Bruno Prevot, Separazione dei coniugi. Convalidazione del matrimonio, in: Apol 57 (1984) 151 – 164; U. Navarrete, De convalidatione matrimonii (cc. 1133-1141). Ad modum manuscripti, Rom 1965; Patrick Sheridan, A historical review of the convalidation of marriage and the application of the act of convalidation to non-catholic marriages, Rom 1957; J. H. Brennan, The simple convalidation of marriage, Washington 1937; C. Tallarico, De matrimonii convalidatione, Rom 1938; Antonio Jacinto García-Berbel Molina, La convalidación del Matrimonio en la codificación de 1917 (cc. 1133-1141), Rom, Univ. Santa Croce, Diss. iur. can. 2003.

scheidung" offen zu halten, ohne nach außen hin den Anschein einer „wilden Ehe" zu erwecken. In einem solchen Falle ist die Ehe grundsätzlich wegen Konsensmangel ungültig (c. 1101 § 2 CIC). Sie kann allerdings dadurch gültig gemacht werden, dass der Ehepartner, der keinen Konsens geleistet hat, nunmehr den Konsens leistet, vorausgesetzt, der vom anderen Partner geleistete Konsens dauert fort (c. 1159 § 1 CIC). In unserem Falle ließe sich darüber nachdenken, ob das geforderte Konsens-Leisten bereits darin zu sehen ist, dass die beiden Ehepartner viele Jahre lang ehelich zusammenleben, Kinder in die Welt setzen und eine mögliche Auflösbarkeit der Ehe überhaupt nicht im Raume steht. Eine solche Gemeinschaft hat zumindest den äußeren Anschein einer Ehe.[16] Die eheliche Gemeinschaft und der Vollzug der Ehe lassen sich unter Umständen als konkludenten Konsens der beiden Ehepartner deuten, der einen anfänglichen Mangel des Ehekonsenses heilt. Ein solcher konkludenter Konsens könnte zu einer Konsenserneuerung nach c. 1157 CIC führen.

Hinsichtlich des Konsens-Leistens durch den einen Ehepartner gilt Folgendes: Kann der anfängliche Konsensmangel nicht bewiesen werden, so braucht der Ehepartner den Konsens auch nicht

---

[16] Der äußere Anschein einer Ehe ist auch Voraussetzung für ihre Gültigmachung, vgl. Karl-Theodor Geringer, Die Konvalidation der Ehe (Fn. 15), S. 981.

erneut öffentlich und in der kanonischen Form leisten. Es genügt, wenn er ihn privat und geheim, also für den Rechtsverkehr gleichsam „ungreifbar" leistet (c. 1159 § 2 CIC). Eine solche Konsenserneuerung, die grundsätzlich einen neuen auf die Ehe gerichteten Willensakt erfordert (c. 1157 CIC), kann auch durch einen konkludenten Akt erfolgen, etwa durch Beischlaf mit Ehewillen (*copula cum affectu maritali*).[17] Kann der Konsensmangel allerdings bewiesen werden, etwa durch Tagebuchaufzeichnungen oder durch einen Zeugen, der vom mangelhaften Konsens zum Zeitpunkt der Eheschließung wusste, so muss der Konsens in der kanonischen Form geleistet werden, also faktisch durch eine erneute Eheschließung vor einem trauungsbefugten Geistlichen und zwei Zeugen (c. 1159 § 3 CIC). Der erstgenannte Fall ist für die kirchliche Rechtspraxis gleichsam irrelevant: Kann der Konsensmangel ohnehin nicht bewiesen werden, so wird ein Ehenichtigkeitsprozess keinen Erfolg haben. Kann der Konsensmangel allerdings bewiesen werden, da einer der Ehepartner sich etwa eine „zweite Ehe" offen halten wollte, so wird dieser Ehepartner vermutlich davon Abstand nehmen, auf eine zweite kanonische Eheschließung[18] hinzuwirken – vielleicht weil ihm ein sol-

---

[17] Vgl. Reinhold Sebott, Das neue kirchliche Eherecht, Frankfurt a.M. 1983, S. 220.
[18] Diese muss nicht als erneute Hochzeit mit Brautmesse stattfinden, sondern kann auch unter Ausschluss der Öffent-

ches Vorgehen, bei dem er ja den anfänglichen Konsensmangel eingestehen und den Beteiligten (Ehegatte, Pfarrer, Zeugen) zunächst einmal alles erklären müsste, unangenehm ist, vielleicht auch, weil er den Konsensmangel und dessen Beweisbarkeit schlicht verdrängt oder vergessen hat.[19] Jedenfalls ist davon auszugehen, dass es im Falle eines beweisbaren Konsensmangel nur ganz selten zu einer „einfachen Gültigmachung" in der kanonischen Form durch den betreffenden Ehepartner kommen wird. Das Erfordernis des c. 1159 § 3 CIC soll der Rechtssicherheit – ein beweisbarer Konsensmangel muss durch eine beweisbare Konsenserneuerung behoben werden – dienen und geht letztlich auf das wegweisende Dekret „Tametsi" (11. November 1563) des Konzils von Trient zurück.[20] Wird die nichtige Ehe nicht in der kanonischen Form erneuert, lebt die Ehe in einem „Schwebezustand" fort, bis sich einer der Ehegatten, der davon Kenntnis hat, auf die Nichtigkeit der Ehe beruft. Eine solche an sich nicht zufriedenstellende Situation könnte etwa dadurch be-

---

lichkeit, etwa in der Wohnung des Paares oder im Pfarrhaus, geschlossen werden, vgl. Klaus Mörsdorf / Winfried Aymans, Kanonisches Recht, Bd. III, S. 527.

[19] Vgl. Karl Rainer Hennes, a.a.O. (Fn. 7), S. 121.

[20] Vgl. Reinhard Lettmann, Die Diskussion über die klandestinen Ehen und die Einführung einer zur Gültigkeit verpflichtenden Eheschließungsform auf dem Konzil von Trient, Münster 1967.

hoben werden, wenn man die Formvorschrift des
c. 1159 §§ 2, 3 CIC ganz streichen würde.[21]

b) Die *sanatio in radice*[22]

Wird der Ehegatte, in dessen Person der Konsensmangel begründet liegt, nicht aktiv durch die
Erneuerung des Ehekonsenses tätig, so kommt
noch immer die *sanatio in radice* durch die zuständige kirchliche Autorität infrage. Mit der *sanatio in
radice* kann die Kirche die beiden Ehepartner allerdings nicht einfach „übergehen". Liegt noch
bzw. wieder ein Konsensmangel vor, so ist eine
„Heilung in der Wurzel" durch die zuständige
kirchliche Autorität ausgeschlossen (c. 1162 § 1
CIC). Diese Situation liegt regelmäßig bei der Eröffnung eines Ehenichtigkeitsverfahrens vor: Der
Ehekonsens im Zeitpunkt der Eheschließung war
möglicherweise mangelhaft, im Laufe der Jahre
bildete sich ein gefestigter und ernster Ehekon-

---

[21] So auch der Vorschlag von Karl Rainer Hennes, a.a.O. (Fn.
7), S. 139.
[22] Vgl. Peter Fabritz, Sanatio in radice. Historie eines Rechtsinstituts und seine Beziehung zum sakramentalen Ehe7ver-
ständnis der katholischen Kirche Frankfurt a. M. 2010; Georg
Lichtenberg, Die Sanatio in radice als Instrument der Ehepastoral, München 2010; John Russell, The "Sanatio in radice" before the Council of Trent, Rom 1964; Jacek Zygala,
"Sanatio in radice" en el matrimonio. Historia, naturaleza y
perspectivas, Navarra, Univ., Diss. iur. can. 2003.

sens beider Ehegatten, schließlich ging die Ehe in die Krise und der Ehewille eines oder beider Ehegatten entschwand wieder. Eine *sanatio in radice* in der Ehekrise scheidet mithin aus. Es kommt also nicht mehr darauf an, ob die Ehepartner das eheliche Leben fortsetzen wollen (c. 1161 § 3 CIC) oder im Einzelfall ein besonders schwerwiegender Grund (c. 1164 CIC) vorliegt. Liegt ein grundsätzlich beweisbarer Konsensmangel bei der Eheschließung vor und wird keine Konsenserneuerung in kanonischer Form (*convalidatio simplex*) vorgenommen, so bleibt die Ehe von Anfang an – möglicherweise zunächst unerkannt – ungültig.

Eine *sanatio in radice* durch die zuständige kirchliche Autorität wäre hingegen in solchen Phasen der Ehe denkbar, in denen ein ursprünglich mangelhafter Ehewille durch einen ausreichenden Ehekonsens bzw. beiderseitigen Ehewillen ersetzt wird (c. 1162 § 2 CIC). Erforderlich ist im Falle eines anfänglichen Ehekonsensmangels, dass der beiderseitige Ehewille im Zeitpunkt der *sanatio in radice* „in einer ebenfalls für den äußeren Rechtsbereich zugänglichen Weise" feststeht[23]. Dies ist regelmäßig dann der Fall, wenn die Ehepartner ihr eheliches Leben nach der Eheschließung freiwillig über eine längere Zeit fortsetzen und hierin ein

---

[23] Vgl. Lüdicke, in: ders. (Hrsg.), Münsterischer Kommentar zum CIC, Bd. 5, c. 1162 Rn. 2.

reifes Bewusstsein und eine Bestätigung der Wesenseigenschaften der Ehe (Unauflöslichkeit, Treue, Elternschaft), also einen mangelfreien Ehewillen zum Ausdruck bringen.[24] Zu einem solchen Zeitpunkt ist es im Übrigen auch wahrscheinlich, dass die Ehepartner das eheliche Leben weiter fortsetzen werden (c. 1161 § 3 CIC). Die Ehe besteht rechtlich nicht, wohl aber ihre rechtliche „Wurzel", nämlich der Ehewille.[25] Eine Heilung an der „Wurzel" wäre in solchen Fällen mithin notwendige Folge. Problematisch ist dabei aber einerseits, dass nur wenige Ehepaare, die in einer (unerkannt) ungültigen Ehe leben, in einer Phase, in der sich die Ehe konsolidiert hat, auch die *sanatio in radice* bei der zuständigen kirchlichen Autorität beantragen.[26] Andererseits hat die zuständi-

---

[24] Das konkludente Vorliegen des Ehekonsenses durch implizite Willenserneuerung und eheliches Zusammenleben wurde bereits in einem vor der Rota Romana verhandelten Falle angenommen: Coram R.P.D. Ioanne M. Pinna, Pistorien., 30. ian. 1964, in: SRRD 56 (1964), 61 – 73; vgl. Peter Fabritz, Sanatio in radice. Historie eines Rechtsinstituts und seine Beziehung zum sakramentalen Eheverständnis der katholischen Kirche Frankfurt a. M. 2010, S. 273 – 275.

[25] Lüdicke, in: ders. (Hrsg.), Münsterischer Kommentar zum CIC, Bd. 5, c. 1161 Rn. 6; Karl-Theodor Geringer, Die Konvalidation der Ehe, in: Joseph Listl / Heribert Schmitz (Hrsg.), Handbuch des katholischen Kirchenrechts, 2. Aufl., Regensburg 1999, S. 981 – 987, hier S. 982.

[26] Wenn sie ihre (erkannt) ungültige Ehe heilen wollen, könnten sie in diesem Falle auch den einfacheren und vor-

ge kirchliche Autorität in der Regel keine Kenntnis davon, dass sich eine anfänglich nichtige Ehe konsolidiert hat und eine *sanatio in radice* – im Übrigen auch ohne Antrag der Ehepartner[27] – gewährt werden könnte. Nachdenken ließe sich *de lege ferenda* allerdings über eine „automatische" Heilung in der Wurzel, sobald ein beiderseitiger Ehewille der Ehepartner vorhanden ist.[28] Eine solche Heilung könnte der Ehebandverteidiger dann in einem späteren Ehenichtigkeitsverfahren geltend machen.

c) Zwischenfazit

Eine anfänglich wegen Konsensmangels ungültige Ehe wird nach geltendem Kirchenrecht auch dann nicht automatisch gültig, wenn der Mangel im Ehekonsens später wegfällt und die beiden Ehepartner vorbehaltlos über eine längere Zeit in ehelicher Gemeinschaft leben. Für den Fall der einfachen Konvalidation scheitert dies regelmäßig an c. 1159 § 3 CIC, wonach für den Fall der möglichen Beweisbarkeit des anfänglichen Konsensmangels

---

rangigen Weg der einfachen Konvalidation wählen (c. 1159 CIC).

[27] Vgl. Klaus Mörsdorf / Winfried Aymans, Kanonisches Recht, Bd. III, S. 528f.

[28] Vgl. den Reformvorschlag betreffend der convalidatio simplex am Ende dieses Aufsatzes.

der Konsens erneut in der kanonischen Form geleistet werden müsste. Eine konkludente Konvalidation der Ehe durch eine solche Form des Zusammenlebens, die unzweifelhaft darauf schließen lässt, dass die beiden Ehepartner ihre Ehe nach katholischem Verständnis als (unauflösliche) Ehe leben möchten, gibt es nach geltendem Recht nicht.[29]

Auch die *sanatio in radice* kann nach geltendem Recht nicht quasi-automatisch gewährt werden. Auch wenn nach einem anfänglichen Konsensmangel zu einem späteren Zeitpunkt ein mangelfreier Ehekonsens geleistet wurde, für den nach c. 1162 § 2 CIC keine besondere Form gilt[30], ist es für eine *sanatio in radice* im Rahmen eines Ehenichtigkeitsverfahrens wegen c. 1161 § 3 CIC meist bereits zu spät. Die *sanatio in radice* wäre auch dogmatisch nicht der richtige Weg, eine Ehe, die beide Ehepartner durch ihre eheliche Gemeinschaft geradezu bestätigen, „von Amts wegen" gültig zu

---

[29] Vgl. am Ende dieses Aufsatzes den Reformvorschlag zu c. 1159 § 3 CIC.

[30] Vgl. Nikolaus Schöch, La sanazione in radice dei matrimoni celebrati in forma civile o senza forma pubblica, in: Joan Carreras (Hrsg.), La giurisdizione della chiesa sul matrimonio e sulla famiglia, Mailand 1998, S. 289 – 333, hier S. 310 – 322; a.A. Hartmut Zapp, Zivilehe Formpflichtiger – eine Nichtehe?, in: Norbert Höhl (Hrsg.), Ius et historia. Festgabe für Rudolf Weigand (Forschungen zur Kirchenrechtswissenschaft 6), Würzburg 1989, S. 442 – 453.

machen. Eine solche Konvalidation nehmen letztlich die Ehepartner selbst vor. Die *sanatio in radice* soll vielmehr die Ausnahme bleiben.[31] Darum soll hier überlegt werden, wie das Rechtsinstitut der *convalidatio simplex* angemessen weiterentwickelt werden könnte.

4. Die konkludente Bestätigung der Ehe

a) Das Rechtsinstitut der „Bestätigung" im deutschen Recht[32]

Vergleicht man das römisch-katholische mit dem deutschen Eherecht, so erweist sich das deutsche Eherecht zwar wesentlich unverbindlicher mit Blick auf das Auseinandergehen einer Ehe (Möglichkeit der Ehescheidung nach §§ 1564 – 1587 BGB). Im Gegenzug ist das deutsche Recht allerdings in puncto Zustandekommen und Bestehen einer Ehe wesentlich „ehefreundlicher". Nach

---

[31] Vgl. Karl-Theodor Geringer, Die Konvalidation der Ehe (Fn. 15), S. 987.

[32] Vgl. Otto Kugel, Die Bestätigung nichtiger und anfechtbarer Ehen, Marburg, Diss. iur. 1931. Rechtsvergleichend vgl. auch Friedrich Wilhelm Bosch, Staatliches und kirchliches Eherecht – in Harmonie oder im Konflikt? Insbesondere zur Entwicklung und zur gegenwärtigen Situation im Eheschließungsrecht (Schriften zum deutschen und europäischen Zivil-, Handels- und Prozessrecht; 122), Bielefeld 1988, IV. 9.

deutschem Recht ist eine Ehe, der ein bestimmter Mangel anhaftet, nicht gleich nichtig, sondern zunächst nur anfechtbar. Wird sie angefochten, kann sie von einem Gericht aufgehoben werden (§ 1313 BGB). Wird sie nicht angefochten, hat sie grundsätzlich weiterhin Bestand und ist nicht nichtig. Zu den möglichen Aufhebungsgründen zählen u.a.: Eheunmündigkeit, Geschäftsunfähigkeit, eine bereits bestehende Ehe oder Lebenspartnerschaft, enge Verwandtschaft, arglistige Täuschung (§ 1314 BGB).

Eine grundsätzlich aufhebbare Ehe kann aber auch bestätigt werden – mit der Folge, dass die Anfechtung der Ehe aus betreffendem Grund endgültig ausgeschlossen ist (§ 144 Abs. 1 BGB). Der betroffene Ehegatte kann die Ehe folgendermaßen nachträglich bestätigen: bei fehlender Ehemündigkeit (§ 1303 BGB), fehlender Geschäftsfähigkeit (§ 1304 BGB) oder beim Zustand der Bewusstlosigkeit bzw. vorübergehender Störung der Geistestätigkeit zum Zeitpunkt der Eheschließung, wenn der Ehegatte bei eingetretener Ehemündigkeit, eingetretener Geschäftsfähigkeit bzw. bei klarem Geiste zu erkennen gibt, dass er die Ehe fortsetzen möchte[33]; in gleicher Weise bei einem Irrtum über das Faktum der Eheschließung, bei

---

[33] §§ 1315 Abs. 1 Satz 1 Nr. 1 – 3, 1314 Abs. 1, Abs. 2 Nr. 1, 1303, 1304 BGB; vgl. früher § 22 Abs. 2 EheG.

arglistiger Täuschung oder bei widerrechtlicher Drohung, wenn der Ehegatte nach außen zu erkennen gibt, er möchte an der Ehe festhalten[34]; bei einem Ausschluss der ehelichen Lebensgemeinschaft durch die beiden Ehepartner bei der Eheschließung, wenn die Ehegatten nach der Eheschließung als Ehegatten miteinander gelebt haben[35]. Ein ähnlicher Ausschlussgrund (fünf bzw. drei Jahre als Ehegatten miteinander gelebt) gilt auch bei einem Verstoß gegen die Vorschrift des § 1311 BGB, wonach die Eheschließenden ihre Erklärungen persönlich, ohne Bedingung und ohne Zeitbestimmung und bei gleichzeitiger Anwesenheit abgeben müssen.[36]

Gerade letzterer Fall macht noch einmal deutlich, dass es bei der Anfechtbarkeit einer Ehe um die schutzwürdigen Interessen beider Ehepartner geht: Wollten die Ehepartner ursprünglich keine unauflösliche eheliche Lebensgemeinschaft begründen, taten es aber schließlich doch, so kann die Ehe, auch wenn zum Zeitpunkt der Eheschließung ein klarer Konsensmangel vorlag, nicht angefochten werden. Diese Lösung erscheint gerecht, denn der Ehepartner, der „eigentlich" keine Ehe schließen wollte, die Ehe schließlich aber doch lebt, verstößt gegen den Grundsatz von Treu und

---

[34] §§ 1315 Abs. 1 Satz 1 Nr. 4, 1314 Abs. 2 Nr. 2 – 4 BGB.
[35] §§ 1315 Abs. 1 Satz 1 Nr. 5, 1314 Abs. 2 Nr. 5, 1353 Abs. 1 BGB.
[36] § 1315 Abs. 2 Nr. 2 BGB.

Glauben (§ 242 BGB), indem er gegen sein eigenes früheres Verhalten handelt (*venire contra factum proprium*). Wer einerseits subjektiv die Ehe mit ihren Rechten und Pflichten nicht möchte, andererseits aber objektiv in einer eheähnlichen Gemeinschaft lebt, muss hinnehmen, dass er sich die Ehe im Interesse des anderen Ehepartners „zurechnen" lassen muss.

Durch das gemeinsame Miteinander-Leben bestätigen die Ehepartner ihre zunächst ungültige Ehe. Die nach § 1315 Abs. 1 BGB erforderliche „Bestätigung" muss noch nicht einmal ausdrücklich durch einen erneuerten Ehekonsens geschehen. Entscheidend ist, dass der Wille eines Ehegatten nach außen erkennbar wird, die Ehe in Kenntnis und trotz eines möglichen Mangels fortsetzen zu wollen (Fortsetzungswille).[37] Die strengen Regeln der *convalidatio simplex*, nach der die Ehe regelmäßig in kanonischer Form ausdrücklich neu geschlossen werden müsste (c. 1159 § 3 CIC), gehen damit über das deutsche Recht hinaus. Im deutschen Recht kann eine „Bestätigung" formlos und vor allem auch konkludent, d.h. durch schlüssiges Verhalten geschehen, durch das der Ehepartner zu erkennen gibt, dass er die Ehe dauerhaft fortsetzen will.[38]

---

[37] Brudermüller, in: Palandt, BGB, 72. Aufl., § 1315 Rn. 3; Thorn, in: jurisPK-BGB, 6. Aufl. 2012, § 1315 BGB, Rn. 11.
[38] Brudermüller, in: Palandt, BGB, 72. Aufl., § 1315 Rn. 7; Heinrichs, in: Palandt, BGB, 72. Aufl., § 144 Rn. 2; vgl. auch BGH,

Entscheidend hierfür ist ein ehebejahendes und eheloyales Verhalten über eine längere Zeit hinweg, das sich etwa in folgenden Gesten ausdrücken kann: Versicherung der Liebe und Treue durch den Ehegatten, Fortsetzen der ehelichen Gemeinschaft (gegenseitige Unterhaltsleistungen, häusliche Gemeinschaft von Tisch und Bett, Geschlechtsverkehr), offizielle Feier eines Ehejubiläums.[39] Im Einzelfall können auch „schwächere" Gesten für eine stillschweigende Bestätigung ausreichen: die Abfassung von Briefen, die Hingabe von Geschenken, der Austausch von Zärtlichkeiten.[40]

b) Die konkludente Bestätigung der Ehe im italienischen Recht

Auch im italienischen Recht wird eine grundsätzlich anfechtbare Ehe durch die konkludente Bestätigung des anfechtungsberechtigten Ehepartners unanfechtbar. Dies gilt etwa für folgende Anfech-

---

Urteil vom 12.11.1957 – VIII ZR 311/56, NJW 1958, 177; BGH, Urteil vom 05.04.1978 – IV ZR 71/77, FamRZ 1983, 450 (Rn. 17).

[39] Brudermüller, in: Palandt, BGB, 72. Aufl., § 1315 Rn. 7; RG, Urteil vom 27.05.1927 – 144/26 II, JW 1927, 2572; RG, Urteil vom 04.11.1942 – IV 176/42, DR 1943, 150; OLG Köln, Urteil vom 29.08.2002 – 14 WF 140/02, OLGR Köln 2002, 460 (Rn. 5).

[40] Kritisch Otto Kugel, Die Bestätigung nichtiger und anfechtbarer Ehen, Marburg, Diss. iur. 1931, S. 29 – 31.

tungsgründe: volle Entmündigung (Art. 119 Codice Civile), Unzurechnungsfähigkeit (Art. 120 Codice Civile), Zwang, schwerwiegende Furcht, Irrtum über die Identität der Person oder über wesentliche persönliche Eigenschaften (Art. 122 Codice Civile), Scheinehe (Art. 123 Codice Civile). Haben die Ehegatten ein Jahr lang nach Wegfall des Anfechtungsgrundes zusammengelebt, kann die Ehe nicht mehr angefochten werden. Eine solche konkludente Gültigmachung der Ehe ist allerdings die einzige im Codice Civile geregelte Form der Bestätigung einer Ehe. Will der anfechtungsberechtigte Ehegatte die Ehe bestätigen, obwohl er nicht ein Jahr lang in ehelicher Gemeinschaft gelebt hat, so muss er die Ehe grundsätzlich neu schließen.

c) Die konkludente Bestätigung der Ehe im kanonischen Recht

Durch das Rechtsinstitut der „Bestätigung" wird die Gültigkeit der Ehe gleichsam von einer subjektiven auf eine verobjektivierte Ebene emporgehoben. Bei der Rechtsfigur der *sanatio in radice* (Heilung durch impliziten bzw. konkludenten Ehewillen und eheliches Zusammenleben) ist ein solcher Übergang bereits *de lege lata* angelegt (c. 1162 § 2

CIC).[41] In gleicher Weise gilt dies für die „formlose" *convalidatio simplex* für den Fall eines nicht beweisbaren Konsensmangels zur Zeit der Eheschließung, die auch durch konkludentes Verhalten geleistet werden kann, etwa durch Beschlaf bei Ehewillen (c. 1159 § 1, 2 CIC).[42]

Eine Übertragung des Rechtsinstituts der „Bestätigung" in das kanonische Eherecht würde sich im Interesse der Unauflöslichkeit der Ehe durchaus lohnen. Demnach könnte auch ein anfänglicher Mangel im Ehekonsens, etwa in Form eines Auflösbarkeitsvorbehalts, später dadurch geheilt werden, dass der Ehekonsens der beiden Ehepartner durch ihr dauerhaftes eheliches Zusammenleben bestätigt bzw. geheilt wird. Für eine konkludente Bestätigung der Ehe wäre freilich erforderlich, dass die Ehepartner wenigstens nach ihrer Eheschließung vollständig verstanden haben, was eine Ehe nach römisch-katholischem Verständnis bedeutet, und dieses Verständnis auch bewusst für sich annehmen. Wenn eine Ehe beispielsweise über viele Jahre hinweg Bestand hat, Kinder hervorbringt und eine Ehescheidung niemals Thema war, da die beiden Ehepartner ihre Ehe wirklich als unauflösliches Sakrament begriffen und gelebt haben, so darf unerschütterlich

---

[41] Vgl. auch den vor der Rota Romana verhandelten Fall in Fn. 24.
[42] Vgl. Fn. 17.

davon ausgegangen werden, dass der anfänglich ungültige Ehekonsens später durch Bestätigung bzw. konkludente Gültigmachung (*convalidatio conclusiva*) geheilt worden ist. Das später auftauchende Zeugnis eines nahestehenden Verwandten, der davon berichtet, dass einer der Ehepartner im Zeitpunkt der Eheschließung an der Unauflöslichkeit der Ehe zweifelte, könnte eine (konkludent) bestätigte bzw. geheilte Ehe dann nicht mehr zum Einsturz bringen.

d) Bestätigung und Heilung im römischen Recht

Das Rechtsinstitut der Bestätigung bzw. Heilung (Konvaleszenz), durch das ein an sich ungültiges Rechtsgeschäft später nach Wegfall eines Hindernisses noch einmal gültig werden kann, war dem römischen Recht fremd.[43] Eine Unwirksamkeit eines Rechtsgeschäfts war regelmäßig eine endgültige. Es galt der Grundsatz: *Quod initio vitiosum est, non potest tractu temporis convalescere* (Was zu Beginn fehlerhaft ist, kann nicht durch den Lauf der Zeit geheilt werden).[44] Dass ein ungültiges Geschäft später doch noch galt, war eine klare Ausnahme.

---

[43] Vgl. Theo Mayer-Maly, Römisches Recht, 2. Aufl., Wien / New York 1999, S. 119; Max Kaser / Rolf Knütel, Römisches Privatrecht, 18. Aufl., § 9 Rn. 5.
[44] Digesta 50,17,29.

Das römische Recht kannte allerdings eine Möglichkeit zur „Heilung" einer nichtigen Ehe, bei der ein Konsens gesetzt wurde, dieser aber wegen eines Hindernisses nicht wirksam werden konnte.[45] Fiel später das Hindernis weg, hatte der Konsens aber noch Bestand, konnte der Konsens seine Wirkung entfalten und eine Ehe hervorbringen. Vergleichen lässt sich dies mit einer *sanatio in radice* (c. 1163 CIC). Da das römische Recht die Ehe und ihre Wesenseigenschaften (Möglichkeit der Scheidung) allerdings grundlegend anders verstand als die katholische Kirche, lässt sich das römische auf das katholische Eherecht nur schwer übertragen. So kam es bei der römischen Ehe weniger auf einen mangelfreien Konsens wie im katholischen Eherecht an. Die Ehe wurde zunächst eher als „soziale Tatsache" bzw. „verwirklichte Lebensgemeinschaft" aufgefasst und weniger als ein Rechtsverhältnis.[46] Zwar setzte eine Ehe grundsätzlich als Ehebewusstsein eine lange, monogamische, in häuslicher Gemeinschaft verwirklichte Lebensgemeinschaft voraus. Allerdings waren die Grundsätze der Eingehung und Auflösung der Ehe überwiegend nicht rechtlich geregelt. Eine Klage auf Feststellung einer gültigen oder un-

---

[45] Peter Fabritz, Sanatio in radice. Historie eines Rechtsinstituts und seine Beziehung zum sakramentalen Eheverständnis der katholischen Kirche Frankfurt a. M. 2010, S. 36.
[46] Max Kaser / Rolf Knütel, Römisches Privatrecht, 18. Aufl., § 58 Rn. 2, 32.

gültigen Ehe war somit unbekannt.[47] Als konkludente Anzeichen des Ehewillens wurden so die
Einführung der Frau in das Haus des Mannes (*de-
ductio in domum mariti*) oder die Errichtung der
Eheurkunde erblickt.[48] Eine Bestätigung einer Ehe
mit Konsensmangel war mithin gar nicht erforderlich, da es für den Ehekonsens ohnehin auf den
konkludent nach außen tretenden Ehewillen an-
kam.[49]

5. Die Lehre vom Wiederaufleben der Sak-
ramente als Parallele

Abseits vertragstheoretischer Überlegungen zur
nachträglichen, konkludenten Bestätigung bzw.
Konvalidation der Ehe lässt sich eine schöne,
wenn auch nicht exakt passende Parallele zur Lehre vom Wiederaufleben der Sakramente (*reviviscentia sacramentorum*) ziehen[50]: Ein an sich gültig

---

[47] Ebd., Rn. 3.
[48] Ebd., Rn. 32.
[49] In der römischen Hochklassik tritt der Eheschließungswille
bzw. Ehekonsens der Partner hervor und verdrängt den Beischlaf als ehekonstituierendes Element, vgl. Digesta
50,17,30: „Nuptias non concubitus, sed consensus facit."
Vgl. auch Josef Huber, Der Ehekonsens im römischen Recht,
Rom 1977.
[50] Vgl. dazu Gerhard Ludwig Müller, Katholische Dogmatik,
Freiburg i. Br. 2005, S. 640.

empfangenes Sakrament[51] kann unfruchtbar bleiben, wenn der Empfänger des Sakramentes die dazu notwendige Disposition, nämlich der Stand der Rechtfertigungsgnade, nicht hat. Ein gültiger Empfang setzt nicht die volle Rechtgläubigkeit und den vollen Stand der Gnade auf Seiten des Empfängers voraus, allerdings doch eine grundsätzliche Gläubigkeit und die persönliche Hinordnung des Empfängers auf die im sakramentalen Zeichen angebotene Gnade, also etwa die Freiwilligkeit des Empfängers. Wird ein Sakrament gültig, aber unwürdig und damit unfruchtbar empfangen, und wird das Hindernis auf Seiten des Empfängers durch Buße und Reue beseitigt, so tritt die sakramentale Gnade nachträglich ein und lebt gleichsam wieder auf. Das Wiederaufleben des Sakraments bezieht sich bei Taufe, Firmung und Weihe auf den durch den (gültigen) Empfang des Sakraments verliehenen sakramentalen Charakter, beim Ehesakrament auf das unlösbare Eheband (*vinculum matrimonii*). Dieses Eheband lebt etwa dann wieder auf, wenn sich die Ehepartner nach einer gültigen, aber unwürdigen Eheschließung wieder in den Stand der Gnade versetzen.

Die Lehre vom Wiederaufleben der Sakramente lässt sich mit Blick auf einen Mangel beim Ehekon-

---

[51] Erforderlich hierfür sind: eine grundsätzliche Gläubigkeit sowie die Hinordnung auf die sakramentale Gnade.

sens fortführen: Wenn bei der Eheschließung einer der Ehegatten noch nicht zur vollständigen Einsicht dessen gelangt ist, was eine Ehe nach römisch-katholischem Verständnis bedeutet, liegt ein Hindernis (*obex*) auf seiner Seite vor. Wenn die beiden Ehegatten allerdings glauben und auch grundsätzlich offen sind für den Empfang des Sakramentes, so wird das Sakrament gültig, wenn auch unwürdig und unfruchtbar empfangen. Gelangen die Ehegatten allerdings später zur vollen Einsicht des Sakramentes und leben dieses auch in Übereinstimmung mit der Lehre der Kirche (konkludente Konvalidation), so wird das Hindernis, nämlich der Mangel im Ehekonsens, beseitigt. Die Ehe wird somit im rechtlichen Sinne wirksam und gültig. Die sakramentale Gnade, das unlösbare Eheband, lebt mithin wieder auf (*reviviscentia vinculi*). Von diesem Moment an lässt sich die Ehe als Sakrament nicht mehr auflösen. Auch diese Analogie spricht für die Möglichkeit der konkludenten Konvalidation der Ehe durch die Ehepartner.

6. Die konkludente Konvalidation in der Diskussion

Der hier vorgestellte Ansatz einer konkludent-automatischen Konvalidation bzw. Heilung ungültiger Ehen ist freilich nicht ganz neu im kanonistischen Schrifttum. Bereits Vittorio Bartoccetti[52] und Felice Cappello[53] und dachten über Möglichkeiten nach, wie eine wegen Konsensmangels zunächst ungültige Ehe später durch beiderseitigen Ehewillen „automatisch" geheilt werden könnte, ohne dass die Ehegatten ihre Ehe in kanonischer Form erneuern müssten.[54] Sie sprechen hier von

---

[52] Vittorio Bartoccetti, Circa ius matrimoniale, in: Revue de Droit Canonique 3 (1953) 259 – 277; ders., Incipit lamentatio vinculi, in: Apollinaris 12 (1939) 348 – 389; ders., Codicis J.C. emendatio a S.P. Pio XI circa leges et causas matrimoniales disposita – anno 1938, in: Revue de Droit Canonique 11 (1961) 9 – 23.

[53] Vgl. Felice M. Cappello, La legislazione ecclesiastica e i suoi eventuali perfezionamenti, in: Il Diritto Ecclesiastico 53 (1942) 385 – 389; ders., Per la difesa della verità e della dottrina cattolica, in: Il Diritto Ecclesiastico 54 (1943) 286 – 290; ders., Breve risposta al professore Fedele, in: Il Diritto Ecclesiastico 55 (1944/1945) 32 – 35; vgl. auch ders., Tractatus canonico moralis de sacramentis, Bd. 5: De matrimonio, 7. Aufl., Rom 1961.

[54] Zur Diskussion vgl. sehr ausführlich Alfredo Rava, Il requisito della rinnovazione del consenso nella convalidazione semplice del matrimonio (can. 1157 § 2). Studio storico-giuridico (Tesi Gregoriana – Serie Diritto Canonico 49), Rom 2001, S. 218 – 247; vgl. auch Flavia Speranza, La convalida-

einer *convalidatio ipso iure* bzw. im Fall des Konsensmangels *ipso facto*.[55] Wie bei der Feststellung eines mangelfreien Ehekonsenses, stellt sich auch bei dessen Heilung die Frage, woran ein nun mangelfreier Ehekonsens zu erkennen sein soll, zumal wenn dieser nicht in kanonischer Form vor Zeugen erneuert wird. Annehmen lässt sich ein solcher mangelfreier Ehekonsens – zumindest in kaum widerlegbarer Vermutung – bei einem langjährigen, funktionierenden Eheleben, das mit Kindern gesegnet ist. Eine solche Vermutung würde über die vermutete Gültigkeit (*favor iuris*) einer (in kanonischer Form) geschlossenen Ehe (c. 1060 CIC) noch hinausgehen. Ist über eine bestimmte Zeit hinweg ein Konsens der beiden Ehepartner festzustellen, so wird die Ehe automatisch konvalidiert – auch ohne Erneuerung des Ehekonsenses in kanonischer Form, was ohnehin nur ein Erfordernis rein kirchlichen Rechts ist.

Gegen diese Auffassung wandten sich der spätere Präfekt der Apostolischen Signatur Francesco

---

zione del matrimonio. Convalidazione ipso facto. Ipotesi de iure condendo, Rom, Univ. Santa Croce, Diss. iur. can. 2007; Ginesio Mantuano, Convalida "ipso iure" del matrimonio e "renovatio consensus", in: Scritti in memoria di Pietro Gismondi, Bd. 2/1, Mailand 1991, 523 – 580; ders., Sulle forme di convalida del negozio matrimoniale canonico, in: Il Diritto Ecclesiastico 98 (1987) 759 – 765.
[55] Vgl. Alfredo Rava, Il requisito (Fn. 54), 218f.

Kardinal Roberti[56] sowie der Kanonist Pio Fede-le[57], die u.a. aus Gründen der Rechtssicherheit im Falle eines Konsensmangels eine erneute Ehe-schließung in kanonischer Form – ganz im An-schluss an das Konzil von Trient – fordern. Eine Konvalidation komme erst infrage, sofern ein Konsens der Ehepartner zweifelsfrei belegt wer-den kann. Eine bloße Rechtsvermutung scheide deswegen aus, weil nach katholischem Kirchen-recht nicht das Zusammenleben der Ehepartner (*concubitus / cohabitatio facit matrimonium*), son-dern der Ehekonsens die Ehe (*consensus facit matrimonium*) stiftet. Dieser Argumentation muss freilich entgegengehalten werden, dass auch ein in kanonischer Form geleisteter Konsens nicht ohne Zweifel an seiner Gültigkeit bleibt. Im Einzel-fall ist sogar das eheliche Zusammenleben ein

---

[56] Francesco Roberti, De validiore vinculi defensione compa-randa, in: Apollinaris 13 (1940) 39 – 56.

[57] Pio Fedele, In tema di convalida del matrimonio canonico nullo per difetto o vizio di consenso, in: Severino Alvarez Menendez (Hrsg.), Studi di Diritto Canonico in onore di Mar-cello Magliocchetti, Bd. 2, Rom 1975, 487 – 513; ders., Insosti-tuibilità e irreovcabilità del consenso matrimoniale, in: Il matrimonio oggi tra crisi e rinnovamento. Atti del convegno internazionale promosso dalla Facoltà di Giurisprudenza dell'Università Cattolica del Sacro Cuore, Mailand 1980, 84 – 103; ders., A proposito di eventuali perfezionamenti delle legislazione ecclesiastica in materia matrimoniale, in: Il Dirit-to Ecclesiastico 54 (1943) 76 – 80; ders., Per la difesa dell'attuale legislazione ecclesiastica in materia matrimonia-le, in: Il Diritto Ecclesiastico 55 (1944/1945) 27 – 32.

besseres Indiz für die Gültigkeit einer Ehe und den ihr zugrundeliegenden Konsens. Das eigentliche Problem liegt also nicht auf der Ebene der Form, sondern der Beweisbarkeit eines zustande gekommenen Ehekonsenses.

Auch die Kommission zur Überarbeitung des CIC von 1917 hatte sich mehrfach mit verschiedenen Ansätzen zur „automatischen" Konvalidation der Ehe zu beschäftigen.[58] Bis zur Vorlage des Schemas „*De Matrimonio*" im Jahr 1973 gab es folgende Vorschläge zur gesamten Fragestellung:[59]

1. Das Recht zur „*convalidatio simplex*" soll in einfacher Form neugefasst werden und ei-

---

[58] Bis zum ersten Schema „De Matrimonio" vgl. Communicationes 5 (1973) 88 – 90; zur erneuten Beratung am 1. Februar 1978 vgl. Communicationes 10 (1978) 121 – 122.

[59] Communicationes 5 (1973) 88f.: „Primum quaedam sententiae propositae sunt de convalidatione simplici in genere; quarum praecipue sunt: a) ius illud ad simpliciorem formam redigatur et introducatur determinatum tempus cohabitationis coniugalis voluntariae, quo elapso matrimonium nullum ob causam iuris positivi ipso iure convalidetur; b) renovatio consensus non est necessaria si validitati matrimonii obstat tantum impedimentum dirimens; si impedimentum cessat vel dispensatur per se sufficit ad matrimonium convalidandum ut consensus perseveret; c) substantia iuris servetur prout est in canone 1133, ubi requiritur cessatio impedimenti et renovatio consensus; haec enim est necessaria vel valde opportuna. Quibus discussis placuit nihil mutandum esse in canone 1133 CIC §§ 1 et 2."

ne automatische Konvalidation nach Ablauf einer festgesetzten Zeit freiwilligen ehelichen Zusammenlebens vorsehen, etwa nach drei Jahren.

2. Eine Konsenserneuerung ist dann nicht erforderlich, wenn der gültigen Ehe allein ein Ehehindernis entgegensteht. Fällt das Hindernis weg oder ergeht ein Dispens, reicht dies zur Konvalidation der Ehe aus.

3. Das geltende Recht (c. 1133 §§ 1,2 CIC 1917), gemäß dem nach Wegfall eines Ehehindernisses eine Konsenserneuerung erforderlich ist, soll bewahrt werden, da dies notwendig oder mindestens sehr opportun ist.

Die Kommission entschied sich schließlich für die letztere Option. Ein friedliches Zusammenleben über eine längere Zeit lasse zwar einen Ehekonsens vermuten, sei allerdings kein sicherer Beweis dafür. Eine bloße, wenn auch recht wahrscheinliche Rechtsvermutung könne den beiderseitigen, mangelfreien Ehewillen nicht „ersetzen" oder „ergänzen". So kam es im CIC (1983) zur Vorschrift des c. 1159 §§ 2, 3 CIC, nach dem bei einem beweisbaren Konsensmangel ein erneuter Konsens in kanonischer Form zu leisten ist. Zu den Beratungen über diesen Kanon aus dem Jahr 1978 lesen wir: „Einer der Berater meint, die §§ 2 und 3 seien nutzlos und könnten ausgelassen werden. Hierbei widersprechen die anderen Berater allerdings und meinen, die Nützlichkeit dieser Normen werde erst klar, wenn sich etwa bei besagten E-hen Gründen der Nichtigkeit zeigen."[60]

7. Fazit

Erst vor kurzer Zeit verlangte Francesco Kardinal Coccopalmerio, Präsident des Päpstlichen Rates für die Gesetzestexte, mehr Strenge bei der Handhabung von Ehenichtigkeitsverfahren. Es sei ein „Missbrauch", wenn jemand die Ungültigkeit seiner Ehe entgegen den Fakten vortäusche.[61] Und auch Papst Benedikt XVI. ließ in seiner Ansprache zur Eröffnung des Gerichtsjahres 2011 der Rota Romana erkennen, dass ihm Gerechtigkeit und Wahrheit bei Ehenichtigkeitsverfahren wichtige Anliegen seien. Die Priester sollten durch gute Vorbereitung nichtige Ehen vermeiden und kirchliche Gerichte sollten darauf achten, allein in gerechtfertigten Fällen Ehen für nichtig zu erklären: „Was die Nichtigkeit durch Ausschluss eines Wesenselements oder einer Wesenseigenschaft der Ehe betrifft, so muss man sich hier ebenfalls

---

[60] Communicationes 10 (1978) 122: „Aliquis Consultor censet §§ 2 – 3 esse inutiles ac supprimi posse, contradicentibus vero aliis consultoribus, qui dicunt utilitatem harum normarum clare innotescere quando de his matrimonii causae nullitatis forte moveantur."
[61] Vgl. www.kath.net/news/36312.

ernsthaft darum bemühen, dass Urteile die Wahrheit über die Ehe widerspiegeln. Es ist dieselbe Wahrheit, die auch den Augenblick der Zulassung zur Ehe erleuchten muss."[62]

Die hier vorgetragenen rechtspolitischen Erwägungen verstehen sich als Beitrag zur Fortentwicklung des kirchlichen Eherechts. Da der Ehebund Parallelen zu einem Vertrag aufweist, macht es durchaus Sinn, das im deutschen Zivilrecht gebräuchliche Rechtsinstitut der „Bestätigung" nichtiger und anfechtbarer Rechtsgeschäfte (§§ 141, 144 BGB) näher in den Blick zu nehmen. Freilich unterscheidet sich die Ehe in besonderer Weise von einem weltlichen Vertrag dadurch, dass der Inhalt der Ehe nicht zur Disposition der Vertragspartner stehen darf.[63] Hier besteht Formzwang. Eine katholische Ehe ist nicht ohne ihre Wesenseigenschaften zu haben.

Der hier vorgestellte Ansatz der Konvalidation einer zunächst ungültigen Ehe durch späteren Ehekonsens der beiden Ehepartner (konkludente bzw. automatische Konvalidation) würde dazu

---

62

www.vatican.va/holy_father/benedict_xvi/speeches/2011/january/documents/hf_ben-xvi_spe_20110122_rota-romana_ge.html.

[63] Josef Prader / Heinrich J. F. Reinhardt, Das kirchliche Eherecht in der seelsorgerischen Praxis, 4. Aufl., Essen 2001, S. 7.

führen, dass das Risiko einer unerkannt ungültigen Ehe minimiert und die Möglichkeiten eines
„geheimen Auflösbarkeitsvorbehalts" nahezu
ausgeschlossen würden. Das Formerfordernis für
die Konvalidation einer Ehe nach c. 1159 § 3 CIC erscheint geradezu überflüssig, denn einerseits ga-
rantiert auch eine Eheschließung in kanonischer
Form nicht, dass ein wirklich mangelfreier Ehewille
vorliegt, andererseits birgt ein jahrelanges eheliches Zusammenleben eine viel höhere Beweis-
kraft für einen mangelfreien Ehekonsens. Ein stu-
res Festhalten an Formvorgaben bei der Konvalidation einer Ehe wäre wohl auch nicht im Sinne
der Konzilsväter von Trient gewesen.[64] Denn
durch erhöhte Formvorschriften wird eine (möglicherweise ungültige) Ehe gerade nicht geschützt,
zumal die Gefahr einer klandestinen Ehe schon
nach der kanonischen Eheschließung nicht mehr
besteht. Dem Konzil von Trient ging es mit dem
Dekret „Tametsi" darum, „die Rechtssicherheit zu
erhöhen, nicht aber das Eingehen von gültigen
Ehen zu erschweren."[65]
Durch das hier vorgestellte *Petitum* ließe sich die
eherechtliche Ordnung in zahlreichen Fällen leicht
wiederherstellen und auch die Lehre von der Unauflöslichkeit der Ehe wieder glaubwürdig erneu-

---

[64] Vittorio Bartoccetti, Circa ius matrimoniale, in: Revue de
Droit Canonique 3 (1953) 259 – 277, hier 268; vgl. auch Karl
Rainer Hennes, a.a.O. (Fn. 7), S. 134 – 136.
[65] Ebd., S. 134.

ern. Wenn Eheleute wirklich eine Ehe wollen und diese Ehe auch leben, darf es unter Getauften keine Möglichkeit geben, diese gewollte und gelebte Ehe wieder aufzulösen, nur weil bestimmte Formvorschriften (c. 1159 § 3 CIC) nicht beachtet wurden. Eine zivilrechtlich geschlossene Ehe reicht freilich nicht für das Annehmen einer unauflöslichen Ehe nach katholischem Verständnis aus.[66] Allerdings gibt es auch hier Grenzfälle, sofern ein natürlicher Konsens der Ehepartner vorliegt (*consensus naturaliter sufficiens*).[67]

Es erscheint höchste Zeit sorgsam darüber nachdenken, c. 1159 § 2, 3 CIC aus dem Kirchenrecht zu streichen oder neben der Rechtsfigur der *convalidatio simplex* ein neues Rechtsinstitut der *convalidatio conclusiva* (konkludente Gültigmachung bzw. Bestätigung) einzuführen, etwa durch eine Neufassung des c. 1159 § 3 CIC:

---

[66] Vgl. auch Schöch, Nikolas OFM, Ungültige Konvalidation standesamtlich geschlossener Ehen, in: Rüdiger Althaus / Klaus Lüdicke (Hrsg.), Saluti hominum providendo (Beiheft 51 zum Münsterischen Kommentar zum CIC), Essen 2008, S. 279 – 300.

[67] Vgl. Peter Fabritz, Sanatio in radice. Historie eines Rechtsinstituts und seine Beziehung zum sakramentalen Eheverständnis der katholischen Kirche Frankfurt a. M. 2010, S. 43 – 58, S. 301.

Matrimonium convalidatur partibus, si sua sponte in vita coniugali apto tempore perseverant et eo matura validaque conscientia essentialium matrimonii proprietatum iurium officiorumque exprimitur.

Die Ehe wird durch die Ehegatten gültig gemacht (bestätigt), wenn sie das eheliche Leben freiwillig über eine angemessene Zeit fortsetzen und dadurch ein reifes und gesundes Bewusstsein der Wesenseigenschaften der Ehe und der mit ihr verbundenen wesentlichen Rechte und Pflichten zum Ausdruck bringen.

Bei einer Pressekonferenz auf dem Rückflug vom Weltjugendtag 2013 sagte Papst Franziskus: „Wir sind unterwegs zu einer tieferen Ehepastoral. Mein Vorgänger in Buenos Aires, Kardinal Quarracino, sagte immer: ‚Für mich ist die Hälfte aller Ehen ungültig, weil sie heiraten, ohne zu wissen, dass es für immer ist, weil sie es aus sozialer Konvenienz machen, usw.'. Auch das Thema der Nullität muss untersucht werden."[68] Damit es erst gar nicht zu ungültigen Ehen kommt, muss in der Tat die vorbereitende Ehepastoral stärker in den Blick genommen werden. Vielleicht legt der Missstand, auf den Papst Franziskus in Anschluss an Antonio Kardinal Quarracino (1923 – 1998) hinweist, aber

---

[68] http://kath.net/news/42246.

auch nahe, über eine konkludente Gültigmachung ungültig geschlossener Ehen nachzudenken. Bleiben wird freilich die Beweisfrage –sowohl mit Blick auf die Beweisbarkeit eines mangelfreien Konsenses im Zeitpunkt der Eheschließung als auch zu einem späteren Zeitpunkt, der für die automatische Konvalidation der Ehe erforderlich ist.